Umbertina Sabbatini
Il canto degli uccelli

edition exemplum

Umbertina Sabbatini

Il canto degli uccelli
Poesie d'amore

Der Gesang der Vögel
Liebesgedichte

italiano/deutsch

Ins Deutsche übersetzt von Anna Cron

ATHENA-Verlag

Bibliografische Information der Deutschen Nationalbibliothek

Die Deutsche Nationalbibliothek verzeichnet
diese Publikation in der Deutschen Nationalbibliografie;
detaillierte bibliografische Daten sind im Internet über
<http://dnb.d-nb.de> abrufbar.

1. Auflage 2024

Mellinghofer Straße 126, 46047 Oberhausen
www.athena-verlag.de

Umschlagfoto: Nikole, Adobe Stock

Druck und Bindung: Majuskel Medienproduktion GmbH, Wetzlar

Printed in Germany

ISBN 978-3-7455-1179-6

La mia emozione

La mia emozione sei tu
Tu, che accompagni ogni
mio passo
Tu, che brilli nel miei occhi e nel
mio sorriso.
Tu, che rubi i miei sogni e le mie
notti
Tu, che sei dentro me in ogni
respiro
E mi manca … come alla Luna
mancherebbe il Sole

All mein Gefühl

All mein Gefühl bist du,
Du, der jeden meiner Schritte
Begleitet,
Du, der in meinen Augen glänzt
Und in meinem Lächeln,
Du, der meine Träume raubt
Und meine Nächte,
Du, der in mir ist in jedem
Atemzug,
Und der mir fehlt … wie dem Mond
Die Sonne.

Parole bagnate

Se penso amor mio
quante volte ho riscritto
parole cancellate da lacrime,
perdendomi a guardare
con occhi velati
quei vuoti bagnati e
macchiati d 'inchiostro.
Come giochi voluti
per ripetere il verso che a volte
senza voce, non potevo cantare.
La parola non sempre riesce
ad uscire leggera dal cuore,
rimane impigliata in altri versi
Ne scrivo, nuovi, come aliti leggeri.
A te che mi hai fra le braccia accolta,
stringendomi forte,
mentre tornavo fanciulla,
Il mio sguardo è rivolto e
Il desiderio è tornato, più caldo di allora.
Riscalda i miei sensi, lasciando fluire
la passione che credevo perduta.

Verwischte Worte

Mein Geliebter,
Wie oft ich sie wiederhole
Meine Worte, von Tränen gelöscht
Verliert sich mein Blick
Durch verschleierte Augen,
Leere Stellen,
Von Tinte befleckt.
Vielleicht nur ein Spiel,
Um den Vers zu wiederholen, den ich
Nicht singen kann, weil mir die Stimme versagt.
Das Wort kommt nicht immer
Leicht aus dem Herzen,
Es bleibt gefangen mit anderen Versen.
Ich schreibe neue, leichten Herzens
Dir, der mich in den Armen gehalten
Und willkommen hieß,
Während ich wieder zum Mädchen wurde.
Mein Blick ist rückwärtsgewandt, und
Die Sehnsucht, heißer denn je,
Wärmt meine Sinne und lässt sie fließen,
Die Leidenschaft, die ich längst für verloren hielt.

La vita

Nella profondità del cuore,
in un oceano pulsante
la bellezza che ci è stata donata:
la vita.
In un corpo debole, fragile,
capace di amare, odiare,
piangere e gioire:
è tutto lì, dentro di noi.
Un'alchimia, una magia
qualcosa di inspiegabile
come le lacrime di felicità e di tristezza,
come cadere e rialzarsi,
come nascere e morire.
È tutto lì.
Nell'indiscrivibilita' di un momento.
Inciampiamo nei sentimenti,
nella poesia, nella pioggia di emozioni
cadiamo nell'amore, nell'odio.
Un sussurro ci fa volare,
un no ci distrugge,
una carezza ci lascia sospesi
nell'incantesimo del momento.
La vita

Das Leben

Im tiefsten Innern des Herzens,
Einem pulsierenden Ozean,
Liegt die Schönheit des Geschenks:
Das Leben.
In einem schwachen, zerbrechlichen Körper,
Fähig zu lieben, zu hassen,
Zu weinen, zu lachen,
Alles ist da, in uns:
Eine Alchemie, eine Magie
Ein Unerklärliches
Wie Tränen des Glücks und der Traurigkeit,
Fallen und wieder Aufstehen,
Geburt und Tod.
Alles ist da
In der Unaussprechlichkeit des Augenblicks.
Wir stürzen in Gefühle,
In Poesie, in Fluten der Erregung,
Verfallen in Liebe, in Hass,
Ein Flüstern lässt uns fliegen,
Ein Nein zerstört uns,
Eine Liebkosung lässt uns
Im Bann des Augenblicks
Schweben:
Das Leben

Oggi non ho età

Oggi non ho età,
Il tempo mi ha concesso una pausa
perché ho fatto delle promesse
Oggi mi sono avvolta in un velo bianco di seta
che lascia trasparire il mio corpo
di giovane donna, guarnito con piccoli rami
di bacche rosse, in omaggio al fuoco dell'amore
e alle guance rosate di timidezza e di emozione.
Tra cespugli verdi con frutti rossi di melograno
mi muovo con lestezza per raccogliere
quei pomi prelibati e succosi, più maturi.
Mentre il cesto è già colmo,
un angolo di stoffa impigliato in un ramo
libera il mio corpo che ha perduto la sua acerba bellezza.
Il tempo è scaduto, è così fuggevole e spietato
da non concedermi di indossare il mio vecchio abito.

Heute bin ich jung

Heute bin ich jung.
Die Zeit gewährt mir eine Pause,
Weil ich mein Wort gegeben habe.
Heute habe ich mich in einen weißen Schleier gehüllt,
Der den Körper erahnen lässt
Der jungen Frau, mit kleinen Zweigen verziert
Und roten Beeren – Hommage an das Feuer der Liebe.
Glühend die Wangen von Schüchternheit und Erregung.
Zwischen grünen Büschen mit roten Granatäpfeln
Bewege ich mich mit Anmut,
Um die köstlichen, saftigen, reifen Früchte zu sammeln,
Auch wenn der Korb schon voll ist.
Ein Stückchen Stoff hängt fest in einem Zweig,
Entblößt meinen Körper, der seine Unschuld verloren hat.
Die Zeit ist vorbei, und, so flüchtig wie unerbittlich,
Lässt sie mich mein altes Kleid nicht mehr tragen.

Voli di emozioni

Così la farfalla, con le ali colorate
delle mie emozioni, si è librata nell'aria,
sollevandosi dalle mie mani
aperte verso il cielo.
Ad ogni suo battito di ali
e man mano che si alzava,
sentivo la mia mente ed
il mio corpo più leggeri.
Seguo il suo volo leggiadro, una danza armoniosa
come una ballerina al ritmo del suono di un violino.
Dolci emozioni che alleggeriscono l'anima.

Flügelschlag der Gefühle

So schwebte der Schmetterling mit den bunten Flügeln
Meiner Gefühle in die Luft,
Erhob sich aus meinen geöffneten Händen
Gen Himmel
Mit jedem Flügelschlag.
Und als er aufstieg,
Fühlte ich meinen Geist und meinen Körper leichter werden.
Ich folgte seinem sanften Flug, einem harmonischen Tanz
Gleich einer Ballerina getragen von Geigenklängen.
Süße Gefühle, die die Seele erquicken.

Magia

Amare, odiare, piangere, gioire
abbracciarci in una stretta vitale
fatta di mille petali di cristallo
che riflettono emozioni.
Un'alchimia, una magia,
qualcosa di inspiegabile
come quando dal nulla versiamo lacrime,
lacrime che siano di felicità o di tristezza,
quando dal nulla, così in un attimo
capiamo di essere vivi.

Magie

Liebe, Hass, Weinen, Freude
Umgeben uns in lebendiger Umarmung
Aus tausenden von Kristallen,
Die unsere Gefühle widerspiegeln.
Alchemie, magisch
Und unerklärlich
Wie Tränen des Glücks oder der Trauer,
Vergossen aus dem Nichts.
Wiewohl aus dem Nichts, zeigen sie uns doch,
Dass wir leben.

Aliti di vita

Ti ho scoperto dentro, nell'anima,
Sai trasformare il buio della notte
nella luce del giorno.
Tu mi fai bene! Sai darmi tutto con un sorriso,
con una lacrima nascosta
Mi hai parlato con i silenzi.
Hai custodito i bei momenti
facendone fili da tessere per farne una coperta
e scaldarmi quando il gelo improvvisamente
sembra pietrificare la vita.
Tutto ciò che tocco, tutto ciò che sfioro,
mi riporta alla superficie della tua pelle.
Ne estraggo i brividi per farne nettare e aliti di vita.

Atemzüge des Lebens

Ich hab dich aufgespürt in meiner Seele.
Du, der die Dunkelheit der Nacht
In das Licht des Tages verwandelt,
Tust mir gut! Du gibst mir alles in einem Lächeln.
Mit einer versteckten Träne.
Durch die Stille hast du zu mir gesprochen,
Mir die schönsten Momente bewahrt,
Eine Decke daraus gestrickt,
Um mich zu wärmen, wenn der Frost
Das Leben erstarren lässt.
Alles, was ich berühre, alles, was ich streife,
Trägt mich zurück zur Vertrautheit deiner Haut.
Mein Schaudern verwandle ich in Nektar
und Atemzüge des Lebens.

Frammenti di pace

Non si sono ancora dissolte
le tenebre della notte
e la luce già illumina
ogni angolo della mia mente,
raccolta nel guscio della mia intimità …
I pensieri si trasformano
e prendono forma.
Il silenzio mi solleva …
mentre distesa la mia anima
respira frammenti di pace

Fragmente des Friedens

Sie haben sich noch nicht aufgelöst,
Die Schatten der Nacht.
Das Licht leuchtet in
Jeden Winkel meines Geistes,
Der mein Innerstes erfüllt …
Gedanken ändern sich,
Nehmen Gestalt an.
Stille umweht mich …
Während sich meine Seele ausruht,
Atme ich Fragmente des Friedens.

Pioggia

Danzerò sotto la pioggia
libera e audace
mentre le gocce
scivolano lungo il mio corpo,
la veste aderisce alla pelle
come una carezza.
Canto sollevando le braccia.
Raccolgo gocce nelle mani
dissetandomi alla fonte
che rigenera vita
e rinnova l'anima,
lavandola di ogni impurità.
Candida come il mio corpo
che si veste di fresca giovinezza
lasciando nei rigoli di acqua
il tempo dei ricordi che non ho più

Regen

Ich werde im Regen tanzen
Frei und kühn.
Die Tropfen
Gleiten an meinem Körper entlang.
Das Kleid klebt an meiner Haut
Wie eine Liebkosung.
Ich singe mit erhobenen Armen,
Sammle Tropfen in meinen Händen,
Stille meinen Durst an der Quelle,
Die das Leben erneuert,
Die Seele wiederbelebt,
Rein wäscht,
Auf dass mein Körper
Sich mit frischer Jugend kleide.
Verloren im strömenden Regen
Die Zeit der Erinnerungen, die ich nun nicht mehr habe.

Donna

E il mio giorno di luce
aria limpida cristallina mi rincuora
Libera la mia anima, mi sento donna
nel suo splendore, cuore e mente
Donna soave che spiega nel vento le ali
sogno di libertà di amore,
Mi sento farfalla nei colori della speranza.
Sono carezza nel viso di un bambina
che ha perduto l'innocenza.
Mi sento madre per stringere con amore
il suo corpo al mio perché riscaldandola
torni a sorridere al sole, alla vita

Frausein

Es ist mein Tag des Lichts.
Kristallklare Luft erfüllt mich,
Befreit meine Seele; ich fühle mich Frau
In ihrer Pracht, dem Herzen und Verstand.
Eine sanfte Frau, die im Wind ihre Flügel ausbreitet
Und von Freiheit der Liebe träumt,
Ein Schmetterling in den Farben der Hoffnung,
Die Liebkosung im Antlitz des Mädchens,
Das seine Unschuld verloren hat.
Ich fühle mich Mutter, die in Liebe umarmt
Ihren Körper auf meinem, um sie zu wärmen.
Dreh dich zur Sonne, lächle ins Leben!

L'amore specchiato

Dolce è l'amore che vive oltre la vita.
La nostra storia che sembrava infinita,
Resta riflessa in uno specchio incrinato,
rimanda in ogni suo pezzo
molteplici immagini di noi, tra baci e carezze.
Vedo pezzi di vita, la nostra insieme, unita
anche in piccole forme diverse ma,
un solo immenso amore che porterò
nel cuore
finché vedrò il sole.

Liebe im Spiegel

Süß ist die Liebe, die über das Leben hinaus besteht.
Unsere Geschichte die unsterblich schien,
findet sich wieder in einem zerbrochenen Spiegel;
Vervielfältigt in jeder Scherbe Bilder von uns
Zwischen Küssen und Liebkosungen.
Ich sehe ein Kaleidoskop des Lebens, unser Zusammensein
In winzigen, verschiedenen Bruchstücken vereint,
Diese große, unsterbliche Liebe,
Die ich in meinem Herzen trage,
So lange ich die Sonne sehe.

Come un naufrago

Come un naufrago a vagare in abissi di emozioni,
quasi un dono che a volte non vorrei
Un mare, il suo ricordo, in mio e il tuo passaggio,
su quella spiaggia. Un mare che tiene in se
tutti i ricordi all'infinito, che di ogni singola lacrima
ne conosce la foce, quella foce emozionale
di fiumi in piena che, esondano, danno vita
a quello che i sentimenti veri nutrono nell'anima.
Un momento, un momento solo,
quell'attesa che mai finisce ed io che nell'angolo
sto rannicchiata e piango davanti ad un mare bianco.

Wie ein Schiffbrüchiger

Wie ein Schiffbrüchiger stürze ich in den Abgrund meiner Gefühle,
Gleich einem Geschenk, das ich nie wollte,
Ein Ozean der Erinnerung an meine und deine Schritte
An diesem Strand. Das Meer, das in sich
Alle Erinnerungen an die Unendlichkeit birgt,
Kennt von jeder einzelnen Träne die Mündung,
Die Vereinigung aller Gefühle
Und nährt mit den Überflutungen dieses Flusses,
Die wahren Regungen der Seele.
Ein Moment, nur ein Moment
Des Wartens, der doch nie endet, und ich kauere
In der Ecke und weine vor einem weißen Meer.

Adoro il vento

Adoro il vento
Non lo puoi vedere, ma vedi il suo effetto.
Non ha un suono, ma puoi udire
quanto agita la natura e ti parla all'orecchio.
Non ha un odore, ma sparge i profumi
riportando luoghi, momenti, ricordi.
Non lo puoi toccare ma lo senti,
ti accarezza il viso, i capelli, il corpo,
e a volte ti trascina.
A volte anche i pensieri trascina,
non solo te, li disperde e li porta lontano.
Ecco perché mi piace.
Mi libera la mente e mi lascia libera,
occupata a sentire i suoi effetti, con tutti i sensi.
E mi dimentico del resto.

Ich liebe den Wind

Ich liebe den Wind.
Du siehst ihn nicht, aber du siehst seine Wirkung.
Er ist stumm, doch du hörst,
Wie die Natur sich regt und dir ins Ohr raunt.
Er riecht nicht, doch verbreitet er Gerüche,
Bringt Orte, Momente, Erinnerungen zurück.
Du kannst ihn nicht fassen, doch spüren,
Wie er dein Gesicht, deine Haare, deinen Körper streichelt.
Manchmal zieht er dich mit sich.
Manchmal zieht er auch die Gedanken mit sich, nicht nur dich,
Zerstreut sie und trägt sie weit fort.
Darum mag ich ihn.
Er befreit meinen Geist und lässt mich
Seine Kraft mit allen Sinnen spüren
Und alles andere vergessen.

Incontrarsi ancora

Lascia che ti segua
Lascia che la mia mente
ti cerchi impaziente.
Non è l'attimo, quanti
ne abbiamo buttati via?
È l'intero nostro universo
che può contenere
quella dose di tempo per farmi
impazzire e tremare di gioia.
Ora sono qui, paziente attendo,
non mi nascondo al mondo
non ci sono confini per me.
Sono davanti al sole alla luna.
il loro incontro dura un attimo.
Solo un attimo.
Poi anche sole e luna tornano
a inseguirsi.
Senza spazio e senza tempo
per incontrarsi ancora.

Wiedersehen

Lass mich dir folgen.
Lass meine Sinne
Dich ungeduldig suchen.
Unsere Zeit ist vorbei.
Wie viele Augenblicke haben wir vertan,
Als uns die Welt zu gehören schien,
In dem auch der Moment enthalten war,
Der mich verrückt machen
Und vor Freude zittern ließ.
Jetzt bin ich hier. Ich warte geduldig.
Ich verstecke mich nicht vor der Welt.
Für mich gibt es keine Grenzen.
Ich stehe vor der Sonne und dem Mond.
Ihre Begegnung dauert nur einen Moment,
Nur einen Moment.
Dann wenden sie sich ab
Und verschwinden.
Kein Raum, keine Zeit,
Um sich wieder zu sehen.

Un battito

In quel respiro salmastro
c'era un granello di sale
dentro una goccia di miele.
Il sale di una lacrima cristallina
che esprime un dolore.
Il miele del sole che col suo calore
asciuga la tristezza e la trasforma in brezza.
La vita, la natura sono visibili
nella semplice bellezza di ciò
che ci circonda, solo che a volte
è davvero difficile vederle.
Ci affidiamo principalmente agli occhi,
quando quello che dovrebbe guidarci è il cuore.
Il cuore che in un battito vive
e un attimo dopo, distratto, muore.

Ein Herzschlag

In diesem Atemzug voll Meeresluft
Steckte ein Salzkorn
Umschlossen von Honig.
Das Salz einer kristallenen Träne
Von Schmerz.
Die Süße der Sonne, deren Wärme
Die Traurigkeit trocknet und
In eine sanfte Brise verwandelt.
Das Leben, die Natur erscheinen
In der schlichten Schönheit,
Die uns umgibt, wie schwer es manchmal
Auch ist, sie zu sehen.
Wir verlassen uns stets auf die Augen,
Wenngleich das Herz uns leiten sollte;
Das Herz, das eben noch schlägt
Und im nächsten Moment bricht.

Penso, leggo, sogno

Penso, leggo, sogno,
Scrivo parole cerco la rima e il suono
per comporre versi che nelle emozioni
di luci e di ombre mi portino a te.
A te che dopo questi anni,
in questa casa senza più calore,
non ha più la tua voce, il respiro
e sto perdendo anche la dolcezza del sorriso,
la tenerezza delle tue mani,
Il piacere confortevole di accoccolarmi
Tra le tue calde braccia.
Ti cerco in una canzone, la nostra
quella che abbiamo cantato e ballato
come amanti appassionati senza fermarci
anche quando non c'era più melodia
che accompagnava i nostri passi.

Ich denke, lese, träume

Ich denke, lese, träume.
Ich schreibe Worte, suche nach Reim und Klang,
Um Verse zu komponieren, deren Gefühl von
Licht und Schatten mich zu dir bringen,
Zu dir, nach all den Jahren,
In diesem Haus ohne Wärme,
Ohne deine Stimme, deinen Atem.
Ich vermisse die Süße deines Lächelns,
Die Zärtlichkeit deiner Hände,
Die Sanftheit der Berührung,
Deiner wärmenden Arme.
Ich suche dich in einem Lied, in unserem Lied,
Das wir gesungen und getanzt haben
Als leidenschaftliche Liebende ohne Ende,
Auch wenn die Melodie längst verklungen war,
Die unsere Schritte begleitete.

L'alibi del tempo

Il tempo, a volte, sembra che non passi,
è come una rondine che fa il nido sulla grondaia,
esce ed entra, va e viene, ma sempre sotto i nostri occhi.
Il tempo si muove in una direzione, i ricordi in un'altra.

Ed io ti penso in una nuova direzione
che cavalca l'onda dei ricordi. Il tempo è un assassino
e porta via con sé ogni nostro secondo.
E ha sempre un alibi. Lui non c'era dove eravamo noi,
esisteva in qualche altro luogo.
Oggi, in questo tempo, però, TU sei il mio regalo del cuore

in questo mezzo secolo di vita, in mare aperto e con l'onda lunga,

Saranno brividi e dettagli senza lasciare fuori neanche un minuto.
Chissà come tremerebbe il tempo a vederci inseparabili nell'amore!

Das Alibi der Zeit

Manchmal scheint die Zeit nicht zu vergehen.
Sie ist wie eine Schwalbe, die unter der Dachtraufe nistet.
Sie kommt und geht und geht und kommt vor unseren Augen.
Die Zeit bewegt sich in eine Richtung, die Erinnerungen
in eine andere.
Und ich denke an dich in eine neue Richtung,
Die auf der Welle der Erinnerungen reitet. Die Zeit ist ein Räuber.
Sie stiehlt uns jede einzelne unserer Sekunden.
Und sie hat immer ein Alibi. Sie war nicht da, wo wir waren.
Sie war immer irgendwo anders.
Doch heute, in diesem Augenblick, bist DU
mein Geschenk des Herzens,
Ein halbes Jahrhundert meines Lebens auf hoher See
mit dieser langen Welle,
In dem jeder Moment erfüllt ist von Schauder und Irritation.
Wer weiß, wie die Zeit zittern würde, sähe sie uns so unzertrennlich
in der Liebe!

Ho sognato il mare

Non posso venire mio mare,
ma posso sognare
e raggiungerti con il cuore che batte
al ritmo del mio corpo, con i pensieri
che assecondano il tuo movimento ondoso.
Camminerò ad un ritmo lento,
al tempo di un respiro calmo,
al passo rilassato di una passeggiata,
lungo la spiaggia con il sole in faccia.
Meglio se con il vento tra i capelli.
Con la brezza di una serata trascorsa
ad ascoltare la tua voce, con lo sguardo
rivolto all'infinito, quella linea che ha un fascino

irresistibile perché separa e unisce due mondi diversi

Ich träumte vom Meer

Ich kann nicht kommen, mein Meer,
Aber ich kann träumen
Und dich mit schlagendem Herzen
Im Rhythmus meines Körpers erreichen, in Gedanken
Ähnlich deiner wellenförmigen Bewegung.
Ich gehe langsam,
Im Takt eines ruhigen Atems,
Dem entspannten Schritt eines Spaziergangs
Am Strand entlang, die Sonne im Gesicht,
Den Wind in den Haaren
Und der Brise eines vergangenen Abends,
Um deine Stimme zu hören, den Blick
Richtung Unendlichkeit, auf diese Linie, so faszinierend unwiderstehlich,
Weil sie zwei verschiedene Welten trennt und verbindet.

Vorrei essere nuvola

Vorrei essere nuvola,
lasciarmi trasportare dal vento
Cambiando forma e colore
prima che il tramonto diventi
cielo sfumato di oro.

Nuvola appoggiata sul colle
Tra le fronde degli alberi
e lasciare pezzetti di cielo
agli occhi stupiti di innamorati,
pieni di sogni che abbracciati,
sognanti attendono il buio
per contare le stelle.

Nuvola piena di pioggia
per quegli occhi che versano
lacrime d'amore come gocce
che scendono dal cielo,
per bagnare la terra
e far germogliare un fiore.

Ich wäre gern Wolke

Ich wäre gern Wolke,
Getragen vom Wind.
Ich wechsle Form und Farbe,
Bevor der Sonnenuntergang
Den Himmel vergoldet.

Wolke, die an einem Hügel lehnt
und zwischen den Zweigen der Bäume
Ein Stückchen vom Himmel freilässt,
Vor den Augen der erstaunten Verliebten,
Die traumverloren umarmt auf die Dunkelheit warten,
Um die Sterne zu zählen.

Wolke voll Regen
Für jene Augen, die Tränen der Liebe vergießen
Wie Tropfen, die herabfallen
Vom Himmel,
Um die Erde zu benetzen
Und eine Blume sprießen zu lassen.

La tua voce

La tua voce
Sento la tua voce
il suono così intenso, ricco di modulazioni,
ha avuto su di me un effetto seducente.
Ora mi giunge leggero come un soffio
di note musicali che entrano nell'anima.
La tua voce era la tua identità
forte e determinata nelle decisioni,
morbida e dolce nei momenti di tenerezza,
inconfondibile nelle varie modulazioni
come uno strumento musicale
che mi conduceva in un viaggio di suoni e di silenzi,
di vibrazioni e di slanci. Ora nel silenzio
è guida nell' esplorare il mio mondo interiore

Deine Stimme

Deine Stimme,
Ich höre deine Stimme.
Der Klang, so intensiv und voll,
Schlägt mich in seinen Bann.
Leicht scheint er jetzt, ein Hauch
Musik, der in die Seele dringt.
Stark und entschlossen
In Entscheidungen,
Weich und sanft in Momenten der Zärtlichkeit,
Unverwechselbar
Wie ein Musikinstrument, das mich auf eine Reise
Von Klängen und Schweigen,
Vibrationen und Schwingungen führt. Jetzt, in der Stille,
Ist sie mein Führer beim Erkennen meiner selbst.

In una mano

Stanno in una mano
Piccoli frammenti di un sogno
Di un volo oltre confine
Cristalli del pensiero
Di una donna che ha amato
Tra il rosso del passato e
Il grigio del presente.
Remoti spazi sconfinati
di un vuoto che non fa dimenticare
il vissuto amore che come
il vento di tramontana
non dura nell' eterno del tuo desiderio.

In einer Hand

Sie passen in eine Hand,
Die kleinen Traumfragmente
Eines grenzenlosen Flugs.
Gedankenkristalle
Einer Frau, die einst liebte
Zwischen strahlender Vergangenheit
Und grauer Gegenwart.
Entfernte, unendliche Räume,
Von einer Leere, die nicht vergessen lässt
Die gelebte Liebe, die wie der Nordwind
Nicht für die Ewigkeit deiner Sehnsucht währt.

Una rosa

Era un giorno di maggio,
tra i vicoli di Assisi
mi hai donato una rosa.
Hai atteso che scattassi una foto
poi quel fiore rosso che ho preso nelle mani,
all'apice del suo splendore e
del suo profumo che impregnava l'aria.
Mi ha regalato momenti di esaltante bellezza
di un'intensità emotiva incastonata
nei petali vellutati rossi,
come la follia dell'amore
in quel tempo trascorso insieme
che non era mai abbastanza
e quei baci che non stancavano mai.
La tempesta di emozioni, che purtroppo,
per la sua natura mortale è finita,
è destinata a placarsi,
assume nuove sembianze
come cenere dopo un fuoco ardente.

Eine Rose

Ein Tag im Mai.
In den Gassen von Assisi
Schenktest du mir eine Rose.
Ein Foto sollte ich machen.
Ich hielt die rote Blume in meinen Händen,
auf dem Höhepunkt ihrer Pracht.
Ihr Duft erfüllte die Luft,
Schenkte mir Momente von überwältigender Schönheit
Und unfassbarem Glück.
In den roten, samtigen Blütenblättern,
Wie im Wahnsinn der Liebe,
Die Zeit, die wir zusammen verbrachten,
Die nie genug war,
Diese Küsse, die nie ermüdeten,
Dieser Sturm des Begehrens,
Für dessen sterbliche Natur es nun vorbei ist.
Er muss sich beruhigen,
Sich verändern
Wie Asche nach der Glut.

Sospesa nell'immensità

Voglio incontrarti tra cielo e mare,
sospesa nell'immensità
sorprendendo le nuvole che
non avrebbero più lacrime,
lasciando che il sole esploda
i suoi raggi fino al tramonto.
È allora che il cielo si colora e attira
lo sguardo stupito in quell'intensità.
Il pensiero vola insieme all'anima e ti perdi …
mentre il mare riflette i suoi colori dorati e si fa calmo,
attenuando il suo movimento ondoso.
Lentamente lo sguardo si allontana,
posandosi sulla bianca spuma lasciata
dalle onde sulla battigia dove i miei piedi
hanno lasciato impronte verso il ritorno
accompagnata da una dolce brezza
che è come una carezza.

Schweben in der Weite

Ich will dich treffen zwischen Himmel und Meer,
In dieser unendlichen Weite.
Die Wolken würde ich überraschen, die,
Hätten sie keine Tränen mehr,
Die Strahlen der Sonne explodieren ließen,
Bis sie untergeht.
Dann färbt sich der Himmel und zieht
Den erstaunten Blick in seinen Bann.
Der Gedanke fliegt mit der Seele, und du verlierst dich …
Während das Meer die goldenen Farben widerspiegelt, sich beruhigt
Und seine Wellenbewegung allmählich zügelt.
Langsam verliert sich der Blick,
Verharrt noch auf der weißen Gischt
Der Wellen, im Sand, wo meine Füße
Spuren auf dem Weg hinterließen,
Von sanfter Brise begleitet
Wie eine Liebkosung.

Bianche farfalle

In questa attesa …
in questo lento scorrere del tempo …
nel bisogno di costruire
qualcosa di immenso …
in questo senso di inadeguatezza
che alle volte provo pensando
alle parti incompiute di me …
mi concedo il piacere di essere qui
sotto un cielo azzurro tra verdi foglie
Nell'aria che mi avvolge
e mi accarezza come le fronde
che brillano sotto un sole tiepido
un movimento leggero di ali di farfalla
Catturano la mia attenzione cento, mille
ali bianche, candide come la neve,
Una nuvola, un movimento armonioso di danza
che si fonde con il mio desiderio
di libertà, di leggerezza, di dolci suoni
che disperdono il mio pensare inquieto
lasciandomi questa atmosfera di pace

Weiße Schmetterlinge

In diesem Warten,
Dieser unaufhaltsamen Vergänglichkeit der Zeit,
Diesem unbedingten Streben,
Etwas Großes zu schaffen,
Diesem Zustand von Unzulänglichkeit,
Denke ich manchmal,
Mein Werk nicht vollendet zu haben.
Ich leiste mir das Vergnügen, da zu sein,
Unter einem blauen Himmel zwischen grünen Blättern
In der Luft, die mich umhüllt
Und mich streift wie Zweige,
Die in der warmen Sonne glänzen.
Eine leichte Bewegung von Schmetterlingsflügeln
Erregt meine Aufmerksamkeit, hunderte, tausende
Heller Flügel, so weiß wie Schnee.
Eine Wolke, eine harmonische Tanzbewegung,
Die mit meinem Wunsch nach
Der Freiheit, der Leichtigkeit, der sanften Klänge,
Die mein aufgewühltes Denken zerstreuen, verschmilzt
Und mir diese Atmosphäre des Friedens hinterlässt.

È qui che sono

Di parole vivevo componendo
in giochi scomposti i miei pensieri
che volavano e tornavano restando sospesi
senza risposta, confusi tra tanti
Di arte i miei occhi si cibavano lasciando che le mie mani
si muovessero come un volo di uccelli, le dita veloci
componevano forme insolite di colori simili ad albe di fuoco Di

musica che racconta storie di vita che diventano
stornelli ripetuti come poesie delle quali non dimenticherai mai
le parole così vere e struggenti. Di cieli minacciosi, un infinito
cupo tra nuvole create dalla fantasia

Di luce che fa splendere i colli di giallo tra zone di ombra

dove puoi rubare anche piccoli tratti di colore
tra il verde della vegetazione che nasconde ed esalta
Di piccoli sentieri nascosti da edera e rampicanti
attorcigliati tra i tronchi e rami, dove la luce non filtra

ma c'è sempre quel raggio luminoso che ti conduce
in spazi verdi isolati, piccole oasi di pace dove senti
di aver trovato tutto ciò che cercavi.

Hier bin ich

Von Worten zehrte ich beim Dichten,
Den aufgelösten Spielen meiner Gedanken,
Die weit flogen und zurückkehrten, in der Schwebe
Ohne Antwort, verwirrt unter vielen.
Von Kunst ernährten sich meine Augen und ließen meine Hände
Sich bewegen wie im Vogelflug, meine Finger schnell
Ungewöhnliche Formen und Farben komponieren,
ähnlich wie Feuersbrünste,
Von Musik, die Geschichten des Lebens erzählt, wie
Häufig wiederholte Gedichte, deren Worte so wahr
wie erschütternd, du nie vergessen wirst,
Von einem bedrohlichen Himmel, endloser Dunkelheit zwischen
Wolken, durch Phantasie geschaffen,
Von Licht, das die Hügel hellgelb zwischen den Schatten
leuchten lässt,
In dem auch kleinste Farbstriche zu entdecken sind
Zwischen dem Grün der Vegetation, die verbirgt und verherrlicht,
Von kleinen Wegen, versteckt von Efeu und Kletterpflanzen,
Gewunden zwischen den Stämmen und Zweigen,
wo das Licht sich bricht.
Doch da ist immer dieser Strahl, der dich
Auf einsame Wiesen führt, kleine Oasen der Ruhe, wo du fühlst,
Dass du alles fandest, wonach du gesucht hattest.

Come stelle cadenti

Siamo fugaci come le stelle cadenti
Siamo estremamente belli,
vogliamo imparare a brillare
in questo lungo e sconosciuto viaggio
dai giorni brevi e contati.
Belli come un fiore d'inverno,
Belli come la rugiada all'alba.
Belli come l'arcobaleno dopo la tempesta.
Viviamo con intensità il presente,
con gioia e con semplicità,
senza rincorrere le stelle,
indossiamo il nostro abito migliore
danzando alla vita presente.
In ogni dettaglio, in ogni nostro movimento,
in ogni azione c'è la nostra luce interiore
più autentica, quella che potrebbe fare impallidire
le stelle più brillanti del firmamento

Wie Sternschnuppen

Wir sind flüchtig wie Sternschnuppen.
Wir sind außergewöhnlich schön.
Wir wollen lernen, zu glänzen
Auf dieser langen und unbekannten Reise
Der kurzen, gezählten Tage,
Schön wie eine Winterblume,
Schön wie der Tau in der Morgendämmerung,
Schön wie der Regenbogen nach dem Sturm.
Wir leben intensiv die Gegenwart,
Mit Freude und Einfachheit,
Ohne den Sternen nachzujagen.
Wir tragen unser bestes Gewand
Zum Tanz des Lebens.
In jedem Moment, in jeder Bewegung,
In jeder Tat ist unser inneres Licht
Wahrhaftiger, als könnte es
Die hellsten Sterne am Firmament verblassen lassen.

Tra campi di grano

Percorro Il viottolo sul colle in salita,
tra sassi e piccoli dossi,
mi ritrovo tra campi di grano
con papaveri rossi in mezzo a spighe dorate
che ondeggiano al vento.
Sono sola in questo posto incantato,
raccolgo i papaveri con qualche spiga di grano.
Il mio cuore è leggero e accoglie festoso
il canto degli uccelli che volano bassi
in cerca di cibo. Mi unisco a loro
con un ritornello che ripetevo
da bambina quando tra filari di vite,
tagliavo dal ramo i grappoli d'uva.
È festa di luce in questo colle
baciato dal sole, che brucia la pelle
e la terra che attende la pioggia ma
non ci sono nuvole in cielo.
È ora di andare. Accendo il motore,
non da segni di vita, provo e riprovo
finché sento il rumore che mi fa ripartire

Zwischen Weizenfeldern

Ich bewege mich die Straße den Hügel bergauf,
Zwischen Steinen und kleinen Kuppen.
Ich befinde mich zwischen Weizenfeldern
Mit rotem Mohn inmitten goldener Ähren,
Die sich wiegen im Wind.
Ich bin allein an diesem verzauberten Ort.
Ich pflücke die Blumen mit ein paar Ähren.
Mein Herz ist leicht und begrüßt feierlich
Den Gesang der Vögel, die tief fliegen
Auf der Suche nach Nahrung. Ich stimme ein
Mit einem Refrain, den ich als Kind sang
Inmitten von Weinstöcken.
Ich schnitt die Trauben von den Reben ab.
Ein Fest von Lichtern in diesem Hügel,
Von der Sonne geküsst, die die Haut verbrennt
Und die Erde, die auf Regen wartet. Aber
Wolkenlos ist der Himmel.
Zeit zu gehen. Ich starte den Motor,
Der nicht reagiert. Ein erneuter Versuch,
Bis ich das Geräusch höre, das mich zurückbringt.

Voli nell'immensità

Se mi fermo nel silenzio della sera,
mi sembra di sentire il mondo che gira
in un turbinio di richiami portati dal vento.
Chi piange, chi grida, chi canta, chi ride,
ti perdi nei suoni del tempo.
Chiusi in un piccolo guscio,
tratteniamo un'anima
che sfugge alla materia e senza ali
vola nel tempo e nell'infinito.
Non basta questo pensiero per fare spazio
ad un sorriso in mezzo alle pene e al dolore.
«Dove vai mamma?», chiede il bambino,
mentre sua madre sta morendo
nella polvere della strada.
«Vado a volare», rispose non sapendo
come aiutare il suo piccolo.
E volare è sempre stato il sogno
dell'uomo che non sa come
rispondere all'immensità.

Flüge in die Weite

Wenn ich in der Stille des Abends verharre,
Spüre ich, wie die Welt sich dreht,
In einem Wirbelsturm, der vom Wind getrieben wird.
Wer weint, wer schreit, wer singt, wer lacht,
Verliert sich in den Klängen der Zeit.
Eingeschlossen in einer engen Schale,
Bewahren wir eine Seele,
Die durch die Materie gleitet und ohne Flügel
Durch Zeit und Unendlichkeit fließt.
Der Gedanke reicht nicht aus, um Raum zu schaffen
Mit einem Lächeln, inmitten von Schmerz und Pein.
«Wo gehst du hin, Mama?», fragt das Kind,
Während seine Mutter im Sterben liegt,
Im Staub der Straße.
«Ich werde fliegen», antwortet sie, nicht wissend
Wie Sie dem Kind helfen kann.
Und Fliegen war schon immer der Traum
Des Menschen, der keine Antwort weiß,
Auf die Unendlichkeit.

Ode al passato

Il nostro tempo,
simile al vento autunnale,
porta con sé sentimenti e sensazioni,
che come foglie ambrate
dopo una metamorfosi, si dileguano
in lontani orizzonti ed in malinconiche rievocazioni.
Rimaniamo spesso prigionieri
di tali ricordi idealizzati e di questo tempo
che sfugge come sabbia tra le mani.
Così, la definizione dei migliori anni
della nostra vita diviene un'ode al passato,
un passato, che forse è stato abbellito
dalla nostra immaginazione.

Ode an die Vergangenheit

Unsere Zeit,
Gleich dem Herbstwind,
Bringt Gefühle und Empfindungen mit sich,
Die sich auflösen wie verfärbtes Blattwerk
Nach seiner Metamorphose
In ferne Horizonte und melancholische Erinnerungen.
Oft sind wir Gefangene
Dieser idealisierten Erinnerungen und dieser Zeit,
Die zerfällt wie Sand zwischen den Händen.
Die Definition der besten Jahre
Unseres Lebens wird zur Ode an die Vergangenheit,
Einer Vergangenheit, geschönt
Durch unsere Vorstellungskraft

Dietro l'obiettivo

Sono qui sotto un cielo azzurro
dove si rincorrono nuvole
con contorni spumeggianti,
luce di sole che irradia
il colle lussureggiante diviso
in geometriche forme,
macchie di colori sfumati
che scendono fino a valle.
Il mio sguardo abbraccia
il panorama dietro l'obiettivo
e si muove fino a quando
il respiro si fa lieve e scatto
l'immagine cercata.
Gocce di sudore bagnano
la fronte, non me ne curo,
vado avanti con l'entusiasmo
di una giovinetta al suo primo
appuntamento d'amore.
È amore quello che sento
guardando una ginestra
ormai spoglia dove è rimasto
ancora attaccato un piccolo
fiore giallo come il girasole
che ha dato il suo ultimo saluto
al sole spogliandosi di petali e
piegandosi, ormai stanco, verso la terra.

Hinter dem Objektiv

Ich bin hier unter blauem Himmel,
Wo die Wolken einander jagen,
Mit sich verändernder Form.
Sonnenlicht fällt auf weitläufige Hügel
In geometrischen Formen und
Verwischten Farbtupfern,
Die bis hinunter ins Tal reichen.
Mein Blick umfasst
Das Panorama hinter dem Objektiv,
Bewegt sich, bis in Ruhe
Das gesuchte Bild entsteht.
Schweißtropfen befeuchten
Die Stirn. Es stört mich nicht.
Mit Begeisterung schreite ich voran
Wie ein junges Mädchen zu ihrem ersten
Rendezvous.
Es ist Liebe, was ich fühle beim
Blick auf einen Ginster.
Nackt steht er da.
Noch haften an ihm wenige
Blüten, gelb wie die Sonnenblume,
Die ihren letzten Gruß der Sonne zollt,
Indem sie ihre Blütenblätter hängen lässt und
Sich müde zur Erde neigt.

Alito di presenza

Andavo da lei,
la salutavo festosa,
un cioccolatino lasciavo
cadere sulla mano
già in attesa.
Aveva gli occhi assenti
ma il suono della mia voce,
le mie labbra sulla sua fronte
facevano comparire
un timido sorriso,
un alito di presenza,
soffio di vita per me.
Le pettinavo i capelli bianchi,
un po' di crema sul viso
con delicati massaggi,
s'inteneriva ai miei gesti
come una bambina.
Pronunciava parole senza senso
che io facevo mie,
trasformandole in suoni diversi,
già sentiti, mai dimenticati.
Delicata come un fiore,
come un fiore bella e profumata.
La sua voce accarezzava
con parole che hanno
timbrato la mia crescita
senza disperdersi nell'aria

Atem des Daseins

Ich ging zu ihr.
Ich grüßte sie feierlich.
Ein Stückchen Schokolade
Ließ ich in ihre Hand fallen,
Die schon darauf wartete.
Ihre Augen blickten ins Leere.
Aber der Klang meiner Stimme,
Meine Lippen auf ihrer Stirn,
Ließen ein schüchternes Lächeln erscheinen,
Ein Hauch von Dasein,
Ein Lebenszeichen für mich.
Ich kämmte ihr weißes Haar.
Ein wenig Gesichtscreme
Mit sanfter Massage.
Sie genoss es
Wie ein kleines Mädchen.
Sie sprach sinnlose Sätze,
Die ich mir zu eigen machte und
In verschiedene Klänge formte,
Einmal gehört, nie vergessen.
Zart wie eine Blume,
Wie eine schöne, duftende Blume.
Berührte mich ihre Stimme
Mit Worten, die für mein
Werden prägend gewesen waren,
Ohne sich in Luft aufzulösen.

Anemone

Tra l'immenso prato un fiore
Bianco, una corolla di petali, un cuore di piccoli pistilli neri

Contrasto che esalta la tua delicatezza.
Al tatto le dita si posano su morbidezza lieve
Una carezza che sfugge temendo di rompere un incantesimo.

Un profumo di prato, di essenze,
L'aria attorno s'impreziosisce di note che si disperdono al vento
Ti guardo attratta, nel silenzio mi chino
Osservo da vicino la tua leggiadra bellezza, con timore
Solleciti il mio pensiero, un'emozione di sensi m'invade,
parole che volano, la carta le accoglie in versi
cantando la tua breve, delicata vita

Anemone

Inmitten der riesigen Wiese eine Blume.
Weiß, in einem Kreis von Blütenblättern,
ein Herz von kleinen, schwarzen Stempeln,
Ein Kontrast, der deine Zartheit zeigt.
Bei der Berührung legen sich Finger auf leichte Weichheit,
Eine Liebkosung, die sich entzieht, aus Angst,
den Zauber zu zerbrechen;
Ein Hauch von Rasen – Gerüche!
Die Luft umgibt sich mit Düften, die sich im Wind verlieren.
Ich sehe dich, fasziniert, beuge mich still,
Beobachte furchtsam deine sanfte Schönheit.
Erwecke meine Gedanken, ein Schauder der Sinne befällt mich,
Worte, die fliegen, das Papier begrüßt sie in Versen,
Besingen dein kurzes, zerbrechliches Leben.

Mi ricordo …

Mi faccio tenerezza
nel ricordarmi,
nel ripensare a quei tempi
pieni di sensazioni, di emozioni.
Immersa nel passato
vivo sentimenti diversi
penso a quanto tempo perso,
alle idee svanite,
alle lacrime versate,
alle paure infondate.
Abbraccio con tenerezza
i dolci ricordi dei luoghi, dei volti,
tasselli colorati della mia vita,
incollati tra loro, nei giorni,
negli anni, quando le mie mani
muovevano con gioia e destrezza
gli eventi, le scelte, le decisioni.
Mai sbiaditi lucidi e vivi,
parlano ancora al mio cuore,
ritornato bambino.
Non voglio pensare al tempo che passa,
che scivola via, che in un attimo
il qui è ora diventa un ricordo.

Ich erinnere mich …

Die Erinnerung holt mich ein
An diese Zeit
Voller Gefühle, voller Emotionen.
Eingebettet in die Vergangenheit,
Lebe ich die unterschiedlichsten Empfindungen.
Ich denke an die verlorene Zeit,
Die verschwundenen Ideen,
Die vergossenen Tränen,
Unbegründeten Ängste.
Ich begrüße demütig
Die süßen Erinnerungen an Orte, Gesichter,
Farbige Mosaikstücke meines Lebens,
Verbunden miteinander zu Tagen, Jahren, als meine Hände
Sich mit Freude und Geschicklichkeit bewegten.
Ereignisse, Wünsche, Entscheidungen,
Nie verblasst, glänzend und lebendig,
Sprechen immer noch zum Herzen
Eines Kindes.
Ich will nicht daran denken, dass die Zeit vergeht.
Sie entschwindet, wird nichts als Erinnerung
Im Hier und Jetzt.

Come un quadro

Tutto ha voce e dà voce.
Tutto ha melodia,
ritmo, suono,
ma soprattutto colore.
Come in un quadro.
Il quadro più bello: quello della vita.
Colori e parole,
suoni e sensazioni,
come la carezza dell'aria,
il calore del sole,
il tremolio delle stelle,
la forza di un abbraccio,
sono il nostro mondo,
che ci avvolge e ci comunica
tutta la sua immensa ricchezza
e che noi, in piccola parte,
contribuiamo a completare

Wie ein Bild

Alles hat eine Stimme und spricht.
Alles atmet Melodie,
Rhythmus, Klang
Und Farbe vor allem,
Wie auf einem Gemälde.
Das schönste Bild: das des Lebens,
Farben und Wörter,
Geräusche und Empfindungen,
Wie die Liebkosung der Luft,
Die Hitze der Sonne,
Das Zittern der Sterne,
Die Kraft einer Umarmung.
Sie sind unsere Welt,
Die uns umhüllt und
Ihren unermesslichen Reichtum offenbart,
Auf dass wir ein wenig,
Dazu beitragen, sie zu vervollständigen.

Corri ragazzo, corri …

Corri ragazzo,
corri lungo il sentiero,
tra verdi campi e
papaveri rossi,
vai non girarti indietro,
non temere.
Ti faranno compagnia
gli uccelli nel cielo terso,
segui il loro volo libero.
Ascolta il battito
del tuo cuore,
è un invito a proseguire,
a cogliere il momento
di questo mutamento
che ti condurrà
tra dolci colline e prati verdi,
tra piccoli borghi
dove il tempo si è fermato,
non per te che devi
percorrere i giorni
dall'alba al tramonto
finché non si fa sera.
Conoscerai il lavoro e la fatica,
verserai lacrime
libererai il grido
che arriverà fino ai monti;
si spegnerà negli abissi
del mare lasciandoti
un senso di pace.
La tua scelta ti renderà

Lauf, Junge, lauf …

Lauf, Junge,
Lauf den Weg entlang,
Zwischen grünen Feldern und
Rotem Mohn.
Geh, dreh dich nicht um,
Fürchte dich nicht.
Die Vögel am klaren Himmel
Werden dir Gesellschaft leisten.
Folge ihrem freien Flug.
Höre auf deinen Herzschlag.
Er lädt dich ein,
Weiter zu gehen,
Den Moment des
Wandels zu ergreifen,
Der dich über sanfte Hügel
Und grüne Wiesen führt,
Durch kleine Dörfer,
Wo die Zeit stehengeblieben ist,
Doch nicht für dich, der du die Tage
Von Sonnenaufgang
Bis Sonnenuntergang
Durchlaufen musst, bis es Abend wird.
Du wirst Arbeit und Mühsal kennenlernen,
Du wirst Tränen vergießen,
Du wirst den Schrei befreien,
Der bis in die Berge reicht;
Er wird in den Tiefen
Des Meeres verklingen
Und dir ein Gefühl des Friedens bescheren.
Deine Wahl macht dich

uomo libero
Il cielo il tuo tetto,
la terra la tua casa.
Avrai in bocca
il sapore del miele,
sentirai il profumo del grano,
il tuo corpo sudato e stanco
troverà a sera riposo.

Zu einem freien Mann,
Den Himmel zu deinem Dach,
Die Erde zu deinem Haus.
Du wirst den Geschmack von Honig
Im Mund haben,
Du wirst den Geruch von Weizen riechen,
Dein verschwitzter und müder Körper
Wird schließlich am Abend Ruhe finden.

Un tocco sulla pelle

Una carezza, un tocco,
un leggero posarsi sulla pelle,
uno scintillio di emozioni,
un messaggio che mi hai lasciato,
gesto talmente intimo e caldo
che non ha bisogno di parole.
Parla da sé con la sua
irrompente chiarezza
e la sua dolcissima espressività.
È rimasto il tuo profumo,
il tuo calore ha lasciato
la tua impronta chiara,
segno della tua presenza,
dove resta un'atmosfera
di dolce sensualità.
Hai sentito il mio richiamo
nel silenzio, note tristi
che solo tu potevi trasformare
in una carezza, tenera e soave
al volto e alle mani amate,
per sfiorare il bene prezioso,
per parlare con la vicinanza
pelle a pelle che nessuna
parola può spiegare

Eine Berührung auf der Haut

Eine Liebkosung, ein Hauch,
Ein leichtes Berühren der Haut,
Ein Explodieren von Gefühlen,
Eine Botschaft, die du mir hinterlassen hast,
Eine Geste, die so intim und warm ist,
Dass sie keiner Worte bedarf.
Spricht für sich selbst mit
Eindringlicher Klarheit und
Süßem Ausdruck.
Dein Duft ist geblieben.
Deine Wärme hat sichtbare Spuren hinterlassen,
Zeichen deiner Gegenwart,
Die die Atmosphäre
Süßer Sinnlichkeit zurücklässt.
Du hast meinen Ruf in der Stille gehört,
Traurige Töne, die nur du
In eine Liebkosung verwandeln konntest,
Zart und sanft auf dem Gesicht
Und den geliebten Händen,
Um das kostbare Gut zu berühren,
Um die Nähe zu beschreiben,
Haut an Haut, die kein Wort
Je erklären kann.

Piccola stella

È stato un sogno,
uno dei tanti
che ho vissuto
nella realtà passata.
Un sogno che rivivo
con tutto il mio essere
ora, quando ti cerco
tra le lenzuola bianche
e tu ci sei con le tue braccia
aperte a infondermi coraggio,
a smussare le mie paure.
Tu ci sei, sempre, lo sento,
lo avverto in tanti piccoli
messaggi che lasci, come allora,
quando la tua presenza
era l'aria che respiravo
insieme al tuo amore
che animava ogni cosa.
I tuoi movimenti sono
una delicatezza leggera
che lo sfiorare della pelle
unisce in una sola onda
che lentamente raggiunge
spumeggiante la riva.
Lasci le tue dita sulle mie,
premendo leggermente
per infondermi la forza
di affrontare il domani.
Nessuna parola nel silenzio
del buio profondo, solo
una scia di luminosa speranza
che si allontana lasciandomi
nelle mani una piccola stella.

Kleiner Stern

Es war ein Traum,
Einer von vielen,
Die ich erlebt habe
In der Vergangenheit.
Ein Traum, den ich wieder erlebe
Mit meinem ganzen Sein.
Jetzt, wenn ich dich suche
Zwischen den weißen Laken,
Bist du da mit deinen geöffneten Armen,
Um mir Mut zu machen,
Um meine Ängste zu zerstreuen.
Du bist da, immer, ich spüre es.
Ich spüre es in so vielen kleinen
Nachrichten, die du hinterlässt, wie damals,
Als deine Gegenwart
Die Luft war, die ich atmete,
Zusammen mit deiner Liebe,
Die alles belebte.
Deine Bewegungen sind
Von leichter Zärtlichkeit,
Deine Berührung der Haut
Wird zu einer einzigen Welle,
Die langsam schäumend
Das Ufer erreicht.
Leg deine Finger auf meine.
Durch leichtes Drücken
Gib mir Kraft, den morgigen Tag zu bestehen.
Kein Wort in der Stille,
Der tiefen Dunkelheit, nur
Eine Spur leuchtender Hoffnung,
Die sich entfernt und mir
Einen kleinen Stern in den Händen zurücklässt.

Il silenzio

Il silenzio,
musica e vibrazioni,
come suono
di corde di violino,
la musica si espande
e una danza di note
fa vibrare le emozioni
più nascoste.
Il respiro si ferma
in un'atmosfera di armonia
di luci e suoni,
riprende,
accompagnando
il suono soave
che innalza lo spirito
fino a che la parola
rompe il silenzio che graffia
interrompendo l'incanto.

Schweigen

Schweigen,
Musik und Vibration,
Ein Klang
Von Violinen.
Die Töne breiten sich aus,
Werden zum Tanz der Noten,
Bringen die tiefsten Emotionen zum Schwingen,
Kaum hörbar.
Der Atem stockt
In einer Atmosphäre der Eintracht.
Helle und Wohlklang
Schwellen an,
Untermalt
Von sanften Tönen,
Die den Geist erheben,
Bis das Wort
Das Schweigen bricht und
Den Zauber zerstört.

Due anime

Nasce fra due anime
una silenziosa e totale
comunicazione che
nulla pretende,
tanto dona;
nulla è precostruito
nulla è scontato.
Quando, guardandosi
negli occhi si vedono
riflesse le proprie anime,
un sorriso, quel sorriso,
quello più autentico,
è il solo evidente segnale
di quanto profondo sia
il loro legame.

Verwandte Seelen

Zwischen verwandten Seelen entsteht
Ein so stilles wie absolutes
Verständnis,
Das nichts verlangt,
Das alles gibt,
Das nichts erwartet,
Das nie verletzt.
Wenn sie sich anschauen,
Erkennen sie in den Augen des Anderen
Sich selbst.
Ein Lächeln … dieses Lächeln …
Offen und klar,
Das, ohne Zweifel, zeigt,
Wie tief
Ihre Verbindung ist.

Gocce di armonia

Solo poche gocce di armonia
per ascoltare insieme,
per potersi migliorare,
per poter sentire la musica con l'altro,
per poter costruire insieme.
Ascoltare e ascoltarci, per comporre,
goccia dopo goccia, un mare di sinfonie
Suoni e sensazioni, come la carezza dell'aria,
il calore del sole, il tremolio delle stelle,
la forza di un abbraccio, sono il nostro mondo,
che ci avvolge e ci comunica
tutta la sua immensa ricchezza
e che noi, in piccola parte,
contribuiamo a completare.
Solo poche gocce di armonia

Perlen der Harmonie

Schon wenige Perlen der Harmonie genügen,
Um zusammen zu horchen,
Um aneinander zu wachsen,
Um Seite an Seite der Musik zu lauschen
Und in die Zukunft zu träumen.
Hören, sich zuhören, komponieren,
Perle für Perle eine Symphonie, so weit wie das Meer,
Wie die Liebkosung der Luft,
Wie die Hitze der Sonne,
Wie das Beben der Sterne,
Wie die Kraft einer Umarmung – sie alle sind unsere Welt,
Die uns umhüllt in ihrem unermesslichen
Reichtum, den sie mit uns teilt.
Und wir, die ihr helfen, Schritt für Schritt,
Zu erstrahlen
Wie Perlen der Harmonie.

Inhalt

Über die Autorin und die Übersetzerin

Umbertina Sabbatini e' del 1947. Dopo studi d'arte ad Urbino si è dedicata alla pittura esponendo le sue opere in mostre personali e collettive. Ha scritto il suo primo libro dedicato alle sue origini e alla sua terra marchigiana «La casa che accoglie» nel 2018. La sua vita è trascorsa in un paese ricco di storia e di bellezze naturali, tra monti e mare, ha sviluppato l'amore per la natura che è diventata soggetto di poesie e fotografia. Nel 2020 ha pubblicato c il secondo libro «Una studentessa a Urbino».

Umbertina Sabbatini ist Jahrgang 1947. Nach dem Kunststudium in Urbino widmete sie sich der Malerei und stellte ihre Werke in Einzel- und Gruppenausstellungen aus. Im Jahr 2018 schrieb sie ihr erstes Buch über ihre Herkunft und ihr Land in den Marken »La casa que acoglie« (Das Haus, das willkommen heißt). Sie verbrachte ihr Leben in einer Gegend reich an Geschichte und Naturschönheiten, zwischen Bergen und Meer, entwickelte eine Liebe zur Natur, die Gegenstand von Gedichten und Fotografien wurde. Im Jahr 2020 veröffentlichte sie das zweite Buch »Una studentessa a Urbino«.

Anna Cron ist Jahrgang 1949. Sie hat als Schauspielerin und Dramaturgin gearbeitet, bis sie ihren Schwerpunkt im Schreiben fand. Im Theaterverlag Hartmann & Stauffacher sind ihre Übersetzungen und Theaterstücke verlegt, die ihre bayrische Heimat und die Bewältigung der Vergangenheit thematisieren. Sie übersetzt Theaterstücke, bevorzugt aus dem Englischen. 2015 ist ihr erster Roman »Der Ort. Das Herz« erschienen, zwei Jahre später »Schneewärts«, beide im Verlag Schruf/Stipetic. 2023 wurde ihre Erzählung »Land nach Sturm« im ATHENA-Verlag veröffentlicht.

Anna Cron è del 1949. Ha lavorato come attrice e drammaturga fino a quando non ha trovato la sua enfasi nella scrittura. La casa editrice Hartmann & Stauffacher ha pubblicato le sue traduzioni e le opere teatrali che trattano della loro patria bavarese e del modo in cui affrontare il passato. Traduce opere teatrali, preferibilmente dall'inglese. 2015 è il suo primo romanzo «Der Ort. Das Herz» è apparso due anni dopo «Schneewärts», entrambi nella casa editrice Schruf/Stipetic. Nel 2023 la sua storia «Land nach Sturm» è stata pubblicata dalla casa editrice ATHENA-Verlag.